समय

नरेंद्र कुमार शर्मा

BookLeaf Publishing
India | USA | UK

Made with ❤ on the BookLeaf Publishing Platform
www.bookleafpub.in
www.bookleafpub.com

Dedication

ये कविता संग्रह को मैं परमहंस परम पूज्य शिवानंद (नारायण) महाराज जी, मेरी स्वर्गीय माताजी श्रीमती पुष्पा देवी शर्मा जी, मेरे पिताजी स्वर्गीय श्री गोपी चंद शर्मा जी एवं मेरे छोटे भाई स्वर्गीय जितेंद्र शर्मा को समर्पित करता हूँ|

Preface

मेरी लेखनी में कविता, कहानी और हिंदी गजल का समावेश मेरे होश संभालने के समय से ही हो गया था | मेरी माँ जिन्हें हम "बीजी" शब्द से संबोधित करते थे, जिनका अनुशासन बहुत कठिन श्रेणी में आता था | मुझे आज ये बात महसूस होती है कि बच्चों को काबिल बनाने के लिए माँ का अनुशासन प्रिय, और कठोर होना आवश्यक है |

हमारे युवा होने तक पिता जी के चारों ओर एक अदृश्य लक्ष्मण रेखा खींच रखी थी | हम अपने पिता जी को भयभीत करने वाले, एक दृढ़ निश्चयी व्यक्ति के रूप में आकलन करते थे, और उनके बहुत करीब जाने से डरते थे |

परंतु जब हम युवावस्था को पार करने लगे तब कहीं उनके व्यक्तित्व का, सही मूल्यांकन कर पायें | वे बहुत सरल, दयालु, उदार एवं एक ईमानदार व्यक्तित्व के धनी थे | कर्म ही उनकी पूजा थी | वे सुबह 6:00 बजे साइट पर और सायं 8:30 से 9:00 बजे तक कार्यालय में रहते, और रात्रि में एक ही समय भोजन करते थे | उनके प्रस्थान और आगमन के समय हम नींद की गोद में होते थे | वे सिंचाई विभाग में इंजीनियर के पद पर पदस्थ थे, जिसके कारण विभिन्न ग्रामीण क्षेत्रों में उनकी तैनाती हुई, जिसके कारण ग्रामीण अंचल में, बचपन गुज़रा, एवं वहीँ शिक्षा प्राप्त करी |

घर में कठिन अनुशासन के साथ ही, बाल्यावस्था से ही मेरा झुकाव नेता जी सुभाष चंद्र बोस, सरदार पटेल और आज़ादी के वीर

क्रांतिकारियों की तरफ था | मेरा मानना है कि इतिहास कभी निष्पक्ष नहीं होता क्योंकि इतिहास विजेता के प्रभाव में लिखा जाता है |

समाज में व्याप्त सुविधाओं के अभाव में, मन आंदोलित हो जाता था | मेरा समुच्चय व्यवस्था से भरोसा उठने-सा लगा | विद्रोही भावना, अपने गुरुओं के प्रति भाव, समर्पण एवं श्रद्धा के कारण जन्म लेते ही मरने लगी, और यहीं से मेरी लेखनी का जन्म हुआ, जिसमें समाज में व्याप्त असुविधा, भेदभाव, गरीबों का शोषण, आदि ने अपनी अहम भूमिका निभाई |

1964 और 65 में सरगुजा जिले में पड़ा अकाल | उस समय मेरे पिता सरगुजा जिले में तैनात थे जहाँ बलरामपुर में मैंने पढ़ाई की और जहाँ मैंने एक-एक रोटी के लिए ग्रामीण अंचल में जनमानस को तड़पते देखा | मैंने गोबर में से लोगों को गेहूँ के दाने ढूंढते हुए देखा जो मेरे मस्तिष्क पटल से आज भी ओझल नहीं हुआ | यहीं करण है कि समाज में व्याप्त परिवर्तन का भेद मेरी लेखनी में समाहित है |

Acknowledgements

सर्वप्रथम आभारी हूँ परमहंस परम पूज्य शिवानंद (नारायण) महाराज जी का जिनका हमारे पिता के परिवार पर विशेष स्नेह और आशीर्वाद रहा | समय समय पर उनके दिए मार्गदर्शन और आशीर्वाद से हमारा जीवन खुशहाल बना | महाराज जी की कृपा दृष्टि हम पर सदैव रही | उनकी कृपा से हम गृहस्थ संत पंडित प्रभाकर त्रिपाठी (दद्दा जी) के संपर्क में आये, जिनसे व्यवहारिक ज्ञान प्राप्त हुआ |

मैं आभारी हूँ अपने स्वर्गीय माता पिता का, जिनके त्याग, समर्पण और अनुशासन से मैं आज स्वयं को यहाँ तक पहुँचा पाया हूँ |

मैं आभारी हूँ रायपुर स्थित प्राइमरी स्कूल के शिक्षक श्री कसार जी का जिनके द्वारा निर्धारित नियम से मेरी सफलता का मार्ग प्रशस्त हुआ |

आभार, आभार, आभार मेरी पुत्री सौम्या शर्मा का, जिसने बिखरे पन्नों को एकत्र कर मेरी रचनाओं को टाइप कर पुस्तक का स्वरूप दिया | उनको कार्य के प्रति संवेदना, समर्पण, दूरदृष्टि अपनी माँ से विरासत में मिली है | मेरे पुत्र अनिरुद्ध शर्मा ने मुझे नित नए विचारशील रचनाकारों से परिचित करवाया इसके लिए उसका भी आभार | मेरी पत्नी श्रीमती वर्षा शर्मा आकाशवाणी में कार्यक्रम अधिकारी थीं | पत्नी के रचनात्मक सहयोग ने मेरी सोच को नई दिशा प्रदान की, इसके लिए उनका भी मैं आभारी हूँ | पूरे परिवार के प्रयास से रुकी नदी को, पुनः प्रवाहित होने का सहयोग प्राप्त हुआ |

तुम देखो या ना देखो

तुम देखो या ना देखो,
मैंने सब कुछ देखा।

रोते, चिल्लाते बच्चे,
गर्मी में जलते देखे।
ठंडी में तन का हमने,
रह-रह कर कम्पन देखा।
तुम देखो या ना देखो,
मैंने सब कुछ देखा।

कहते हो पढ़ना होगा,
नन्हों, तुम्हें और बढ़ना होगा।
पर, हमने नन्हों के सर पर,
भरा हुआ तसला देखा।
तुम देखो या ना देखो,
मैंने सब कुछ देखा।

कभी सुना था मेघा बरसेंगे,
हरियाली होगी, खुशहाली होगी।
मेघा बरसे.... बाढ़ लाये,

उसमें भी हमने हर दम,
टप्पर - छप्पर ही बहता देखा।
तुम देखो या ना देखो,
मैंने सब कुछ देखा।

हर भीगे आँचल पर तुमने,
ममता को गिरते देखा।
पर ना जाने हमने क्यों,
हर आँचल आँसू से भीगा देखा।
तुम देखो या ना देखो,
मैंने सब कुछ देखा।

(1977)

अस्तित्व

नई पीढ़ी को,
पुरानी पीढ़ी ने,
अपने अस्तित्व का खतरा बताया।

मुझसे ये सुना नहीं गया,
आगे आ,
मैंने कहा आज भी,
पुरानी पीढ़ी के समक्ष,
नई पीढ़ी...
ठीक वैसे ही जैसे...
मेरे देश की आज़ादी...
गुलामी के समक्ष खड़ी...
अपने अस्तित्व की भीख मांग रही।

(1977 - आज़ादी के विचार से)

कर्मशक्ति

आज बातों में दबी,
कहीं खो गयी है कर्मशक्ति,
नदियों के जल के वेग सी,
कभी,
बहा करती थी जो आज,
बाँधों के बंधन में,
बंध गई है कर्मशक्ति।

मेरे दोस्त यदि तुम,
कर्मशक्ति के...
खो जाने,
बंध जाने को,
नकारते हो तो,
स्वीकारोगे इसे,
भूखे, अबोध शिशु की भाँति,
रो, रोकर सो गई है आज कर्मशक्ति।

(1985)

कर्त्तव्य विहीन स्वतन्त्रता

उंगली जला सकते हो,
नहीं,
घर जला सकते हो,
नहीं,
देश जला सकते हो,
नहीं,
नहीं जला सकते हम,
शेष है रक्त की बूंद एक जब तक,
इस नश्वर देह में,
तो फिर,
मात्र स्वतंत्रता के छिन जाने से,
इतनी घुटन...
क्यूँ महसूस कर रहे हो तुम।

यह प्रथम अवसर है...
माँ ने आज तुमसे...
रक्त नहीं,
अनुशासन की चाह की है,
और तुम सिसक रहे हो।

उठो, नई चेतना तुम्हें उठा रही है,
बढ़ो, बिछड़ी मंजिल तुम्हें बुला रही है,
एक मुस्कान तो भरो...
माँ पर विश्वास तो करो...
तब कहीं जान पाओगे...
कर्त्तव्य विहीन स्वतन्त्रता...
भटकाव दे सकती है,
सुख नहीं।

कर्त्तव्य विहीन स्वतन्त्रता...
भटकाव दे सकती है,
सुख नहीं।

(1976)

भारत की नारी

ओ सैनिकों तुम्हारा स्मारक...
भले ही श्वेत संगमरमरी पत्थरों से बना हो...
मुझे लाल नज़र आता है...
क्योंकि तुम्हारा रक्त बार-बार...
मेरे हृदय को जगाता है...
और कहता है...
रक्त देकर जिन्हें हमने...
दिलायी है आज़ादी...
वही आज तुमसे जल छीन रहें है...

पर नहीं जानते वे लोग...
गंगा, गंगा माँ है हमारी...
बच्चों को भूखा प्यासा रख नहीं सकती...
भारत की नारी।

आज पुनः भागीरथी,
भागीरथ का,
कर रही इंतज़ार,
जो पथ मोड दे,
करने को,

पुत्रों का उसके...
उद्धार,
यह है भारत की नारी...
गंगा, गंगा माँ है हमारी |

(1976)

सूरज को छूने की चाह में

सूरज को छूने की चाह में, उठाता हूँ हाथ,
अंगारों सी जलन, ज़िंदा होने का एहसास कराता है।

सभी बौने लगते हैं, जिनका रहा बचपन से साथ,
देखना चाहता हूँ, पर ठगा सा रुक जाता हूँ।

दूर से आती आँधियों पर, कौन करेगा बात,
ये गुबार भी अपनों द्वारा, ही लाया जाता है।

कब्र से निकल कर बेमानी सी, लगती है बात,
कौन नौनिहालों के सपने, दफना जाता है।

सूरज को छूने की चाह में, उठाता हूँ हाथ,
अंगारों सी जलन, जिंदा होने का एहसास करता है।

समय किसी का नहीं

समय किसी का नहीं,
समय, समय का होता है।

प्रथम प्रहर उषा काल की लालिमा,
प्रथम प्रहर सुहानी,
द्वितीया प्रहर तन जलाती,
तन जलाए दुपहरिया,
तृतीया प्रहर उड़ाती धूल गोधूलि,
साँझ ढले उजियाला,
चतुर्थ प्रहर निशा लाये कालिमा,
पंचम् प्रहर तारों की झिलमिल,
षष्ठम् प्रहर चाँद बिखरे चाँदनी,
सप्तम प्रहर करता,
अष्टम प्रहर तैयारी,
समय किसी का नहीं,
समय, समय का होता है।

समय की आँधी

क्या रोकूँ समय की आँधी को,
क्या जल सुखाऊ बाढ़ों के,
क्या नीर सुखाऊ नयनों के अपने,
स्वयं सूख रहा हूँ मैं।

हाय, मिलावट, खाने में,
हाय, मिलावट, बातों में,
दूर करूँ, कैसे इसको,
स्वयं लिपट रहा हूँ मैं,
बड़ी प्रबल है भूख, पेट की,
कैसे रोकूँ इसको,
स्वयं सूख रहा हूँ मैं।

पेट पीठ से मिल,
एकता दिखला रहा,
इसके लिए तो खड़ा-खड़ा,
ज़ोरों से चिल्ला रहा,
कोई नीर सुखा दे, नयनों के,
कोई जल सुखा दे, बाढ़ों के,
कोई रोके समय की आँधी को।

इन्सानियत

ये क्या मैं देख रहा मेरे खुदा,
तेरा इंसान क्यों इंसान होके,
इंसान को, भूल गया।

पैसे के बल पर,
दुखियों के अरमान तौल गया।

पोंछ रहे उजले दामन पे,
और तू उदासीन हो देख रहा।

पूछो इनसे आगे आकर,
इनका ईमान कहाँ गया।

जगा, इनके ईमान से पूछो,
क्यू तू, यूं सोया रहा।

ये कैसा अन्याय, खुदा,
ये कैसा अन्याय,
मासूम निगाहों में,
वहीं पुराने दुख के आँसू,

और इनके हाथों में हर पल जाम नया।

ये क्या मैं देख रहा मेरे खुदा,
तेरा इंसान क्यों इंसान होके,
इंसान को भूल गया।

(1977)

अर्धांगिनी

मुझे ख़ुशी है,
समानता का अधिकार,
तुम्हें प्राप्त हो गया है।

मुझे ख़ुशी है,
मेरी ज़िम्मेदारियों का,
आधा बोझ तुम ढोने आई हो।

मुझे ख़ुशी है,
मुझे स्वतंत्र करके,
मेरा परिवार अपनाने आई हो,
मुझे ख़ुशी है,
मेरे कदम से कदम,
मिला कर चलोगी,
मुझे लड़खड़ाते देख,
हसोगी नहीं,
सहारा दोगी।

मुझे ख़ुशी है,
अलग रास्ता ना चुन,

हमारे संग चलोगी।

तुम्हारा लड़खड़ाना देख,
हसूँगा नहीं,
साथ दूंगा,
गंभीर हो देखूँगा,
कितना सामर्थ्य हैं तुम में,
जीवन संग्राम में लड़ने का।

कभी अगर निराश हो,
पीछे मुड़ोगी तो,
बाहों का सहारा दे,
कहूँगा,
इस सफ़र में,
तुम, अकेली नहीं,
बल्कि,
वास्तव में समानता के लायक,
किसी मायने में,
तुम,
मुझसे कम नहीं।

मुझे खुशी है कि तुम...
मेरी खुशी हो,
मैं तुम्हारी खुशी।

(1977)

नन्हीं प्यारी बेल

ओह, नन्हीं सी, प्यारी सी बेल,
मेरी अटारी पर चढ़ गई।

पात-पात मचलने लगी है,
फूलों से हर डाल लद गयी है।

हवाओं तुम्हारा रुख किधर है,
सारी बगिया महक गई है।

मधु-मास, पोर-पोर में समायी है,
सतरंगी सपनों की अंगड़ाई है।

कहारों के मज़बूत कंधे हैं,
डोली बड़ी जतन से सजाई है।

बाबुल के आँगन से पग बढ़े हैं,
सपने आसमान चढ़ गए हैं।

जब से पाहुने का आगमन हुआ है,
हर क्षण, हर सांस ने उमंग संभाली है।

ओ नन्ही सी प्यारी सी बेल,
मेरी अटारी पर चढ़ गई है।

तो मैं क्या कर सकता हूँ ?

बेचीं मैंने सारी खुशियाँ, तेरे ही सुख की खातिर,
अब भी खुश हो ना, तो मैं क्या कर सकता हूँ ?
भूल गया मैं, सब कुछ अपना,
यादें बन गयीं, बीता सपना,
अब भी तेरी आँखों में, अपनी आँखों से,
सब कुछ कह सकता हूँ,
पर तुम खुद ही,
ना कहना चाहो,
तो मैं क्या कर सकता हूँ ?

मैं तो, तेरी यादों के सहारे जी सकता हूँ,
तुम जो ना कह पाओ, वो तेरी सांसो में,
अपनी धड़कन से,
सब कुछ कह सकता हूँ,
पर तेरी, सांसें ही घबरा जाएं, तो मैं क्या कर सकता हूँ ?

तेरे ही मन के कोने में, बैठा हूँ, पलके मींचे,
अगर छू न सको मेरी पलकें,
तो भी, एहसास इतना करवा दूँगा,
इंतज़ार तेरा मुझको तो बहुत है,

पर, तुम खुद ठुकराना चाहो मुझको,
तो मैं क्या कर सकता हूँ ?

बेचीं मैंने सारी खुशियाँ, तेरे ही सुख की खातिर,
अब भी खुश हो ना, तो मैं क्या कर सकता हूँ ?

(1977)

समय

कुछ ऐसा समय आता रहा,
ना तुम कह सकी, ना मैं सुन सका।

आँसूओं के तले, जाने कितनी ही बार,
आशा नहीं, निराशा पली,
पालने में, मेरे जीवन के सनम,
कुछ साँसें उठीं, उठ के धूमिल हुई,
पर तुमने किसी से, कुछ ना कहा,
सब तुम सह गई, कुछ कह ना सकी,
कुछ ऐसा समय आता रहा,
ना तुम कह सकी, ना मैं सुन सका।

तेरे मेरे बीच कुछ ऐसा रहा,
मेरे सारे दुखों को तुम, खुद सह गई,
सदा देखे छलकते मैंने, अश्रु तुम्हारे,
खुद पलके ही तुम्हारी, जिन्हें पी गई,
कुछ ऐसा समय आता रहा,
ना तुम कह सकी, ना मैं सुन सका।

(1978)

राजस्थानी माटी

रज कणों में समेटे,
जल जीवन,
जला करती है, राजस्थानी माटी।

सोने सी पीली छाती में,
सिमटी दुल्हिन-सी,
लगा करती है, राजस्थानी माटी।

खून के धब्बों को,
समय की दीवार पर,
पुनः रंगा,
देखना चाहती है हल्दी घाटी,
पुनः वीरों के लहू से,
स्वयं को रंगना चाहती है,
राजस्थानी माटी,
क्योंकि एक बूंद को,
तरसा करती है, राजस्थानी माटी।

(1977)

दहेज का दुर्ग

ओ, नव युवाओं,
तुम्हारी शक्ति,
तुम्हारा कलंक बने,
और,
तुम, शांत भाव से देखते रहो,
तो आने वाली पीढ़ियाँ,
क्षमा नहीं कर पाएंगी तुम्हें।

सदैव पुरानी पीढ़ी ने, नई पीढ़ी से,
उसके द्वारा निर्मित दुर्ग की, दीवारों पर,
सर पटक कर, जीवित रहने की चाह की है,
यदि तुम, इसी तरह सर पटकते रहे, और,
मस्तिष्क के चेतना शून्य होने से पूर्व,
यदि, ना सोचा तुमने,
तो, तुम्हारे माथे पर पड़े बल,
थकान नहीं, सिसकियाँ होंगी,
जो चीख बनने से पहले, घुट गई होंगी।

उठो, तोड़ना होगा तुम्हें,
यह दुर्ग,

दहेज प्रथा का,
अगर अब भी,
इनके बुने जालों में भटकते रहे,
तो, आने वाली पीढ़ियाँ,
क्षमा नहीं कर पाएंगी तुम्हें।

(1975)

पतंगे

क्यों जलाते हैं लोग, चिराग ?
ये जानते हुए की हश्र,
उसका बुझ जाना है,
जला कर चिराग,
छिप जाया करते हैं,
अँधेरे में चिराग के तले,
निरीह जलते हुए पतंगे,
कहा करते हैं, बचा लो ओ अँधेरे,
जला कर खाक कर देगी ये रोशनी,
ओ नादान पतंगे, तुम नहीं जानते,
ये अँधेरा तुम्हारा नहीं, उनका ही, रक्षक है।

ओ पतंगों, जलना है ही तो,
या तो स्वयं जल जाओ,
या बुझा दो, उस चिराग को,
जो, तुम्हें रोशनी नहीं,
तुम्हारा जीवन लेने को जलता है।

अपने अंदर का अंधेरा,
हर पतंगे को जलाता है,

और, कब तक जलाएंगे अपना जीवन,
और, कब अंधेरा बचाएगा इन्हें,
पलट दो, नसीब अँधेरे का,
जला दो, आग सवेरे की...
जो तुम्हें जीवन दे, मौत नहीं।

(1976)

थिरकती पुतलियाँ

इसमें दोष किसका...
पलकों का या ...
थिरकती पुतलियों का ?

वैसे, देखा करती हैं पुतलियाँ,
धन की नाली को,
ऐश्वर्य की नदियों में बदलते,
या ऐसे कहूँ...
पतझड़ से बिखरे...
पीले पत्ते।

क्यों नज़र आती है...
स्वाद, बेस्वाद करने को...
दोष किसे दूँ...
पलकों को...
बंद क्यों नहीं रहती उस वक्त...
या, उन पुतलियों को...
जो थिरकना बंद नहीं करती...
भला इसमें दोष किसका...
पलकों का या,

थिरकती पुतलियों का ?

(1977)

अन्तर्द्वन्द्व

मौन साधक हूँ,
मौन अनुभूति मेरी,

नयनों से छलके,
अभिव्यक्ति मेरी,
मौन साधक हूँ,
मौन अनुभूति मेरी।

किन परंपराओं को छोड़ू,
किन परंपराओं को जोड़ू,
परम्पराएँ, परम्पराओं को तोड़ें,
ये कैसी सभ्यता संस्कृति मेरी,
मौन साधक हूँ,
मौन अनुभूति मेरी।

चेतना का सृजनशीलता,
चेतना की जड़ता,
चेतना से निर्वाण तक,
चेतना से अचेतना ही सिद्धि मेरी,
मौन साधक हूँ,

मौन अनुभूति मेरी।

मन की व्याकुलता,
प्राप्ति की चाह,
कर्म का अन्तर्द्वन्द्व,
शांति की तलाश, जो कहीं नहीं,
मौन साधक हूँ,
मौन अनुभूति मेरी।

रास्ते और मंज़िलें

जन्नत मिलती है, उन लोगों को,
जो होते हैं, जन्नत के फरिश्ते।

अगर टूट जाते हम, टूट जाते ये,
दिल भी टूट जाता, सब छूट जाता,
ये ज़ख्म यू ही ना रिसते रहते,
अब भी हमें, ना शिकवा है, ना शिकायत,
क्योंकि जन्नत मिलती है, उन लोगों को
जो होते हैं, जन्नत के फरिश्ते।

जन्म दिया था ओ खुदा तुमने, इंसान के घर में,
शैतानों ने चलाई दुनिया, अपनी डगर पे,
क्यूँ बनाई शैतानियत, इस जहाँ में,
सूना-सूना रहता, अगर ना बनाई होती तुमने,
जन्नत और जहन्नुम के इस सफ़र में,
जन्नत मिले कैसे मुझे,
क्योंकि जन्नत मिलती है, उन लोगों को,
जो होते हैं, जन्नत के फरिश्ते।

एक घूंट भी पानी दूसरे के लिए छूटे,

तुमने कभी कहा ही नहीं,
मुझे तो बताया गया हमेशा, सब है ये तेरे लिए,
अब मुझे क्यूँ कहता है शातिर,
तुमने भी तो बनाई है जन्नत अपने लिए,
और जहन्नुम बाकी सबके लिए,
ओ, खुदा, कसूर मेरा क्या है इसमें,
जन्नत कहाँ दी मुझे,
क्योंकि जन्नत मिलती है, उन लोगों को,
जो होते हैं, जन्नत के फरिश्ते।

(1984)

रिश्ते

रूठने को तो, सारी उमर पड़ी है,
आओ बैठो पास, परिहास तो कर लो।

मनुहार, का समय ही कहाँ है,
आओ थोड़ा, साँसों का व्यापार कर लो।

उम्र हाथों से, रिसी जा रही है,
आओ, बच्चे की तरह बाहों में भर लो।

रिश्ते, साँसों की तरह छोड़ जाते हैं,
हमेशा के लिए, अपने दिल में घर कर लो।

रूठने को तो, सारी उमर पड़ी है,
आओ बैठो पास, परिहास तो कर लो।

(2017)

स्वागत द्वार

हम ने सब कुछ दे दिया,
उनकी खातिर,
स्वागत द्वार बनाने को,
निश्चय ही वे योग्य होंगे।

हम में, उन में, बहुत बड़ा अंतर होगा,
यह मन बहुत भोला है,
चुप चाप मान लेता है,
जो भी जब भी उन्होंने,
असमानता मिटाने को बोला है।

निश्चय ही उन्होंने,
असमानता,
मिटाई होगी और मिटा देंगे।

जब भी मैंने देखा है,
कुछ मिटते हुए, अपना संयम भी,
उन तक पहुंचने से पूर्व,
यह भी सच है,
हमने ही बनाया है,

स्वागत द्वार।

बनने से पूर्व,
हम,
आते जाते थे रोक टोक,
अब,
उन्हीं जगहों पर, उनको,
चंद सभ्य लोगों से,
घिरते हुए देखा है।

जब भी कभी पहुंचे,
उनके, आग्नेय नेत्रों से,
और, श्वेत मुख से,
उनका, गौरव,
छलकते हुए, देखा है,
ये यहाँ कैसे आया ?
इसे यहाँ कौन लाया ?
जानते हुए भी,
अर्थ, उनके शब्द का,
सदैव ही रहे मौन।

उनके सामने, जब भी हम ने,
अपने अंदर, झाँका है,
और, स्वयं को आँका है,
ना जाने, किस ने, और क्यों,
समानता, असमानता, का सवाल फिर उठाया है,
यह अंतर, उन्होंने,

बड़ा सोच समझ कर बनाया होगा।

(1977)

www.ingramcontent.com/pod-product-compliance
Lightning Source LLC
Chambersburg PA
CBHW070651240926
51846CB00003BA/867
* 9 7 8 9 3 7 5 2 7 2 7 8 6 *